FRÉDÉRIC PASSY. — POUR LES JEUNES GENS

POUR

LES

JEUNES GENS

AVERTISSEMENTS ET CONSEILS

PAR

FRÉDÉRIC PASSY

MEMBRE DE L'INSTITUT

Si jeunesse savait.....

PARIS

LIBRAIRIE FISCHBACHER

Société anonyme

33, RUE DE SEINE, 33

—

POUR LES JEUNES GENS

PRINCIPAUX OUVRAGES DE M. FRÉDÉRIC PASSY

Leçons d'Economie politique, 2 volumes in-8o, Guillaumin (épuisé).

Les Machines et leur influence sur le progrès social, in-12, Hachette.

Le Petit Poucet du dix-neuvième siècle ; *Georges Stephenson et la naissance des chemins de fer*, in-12, Hachette.

Vérités et Paradoxes, in-12, Delagrave.

Une Exhumation, *un cours libre sous l'Empire*, in-12, Alcan.

Pages et Discours, in-12, Alcan.

Les Causeries du grand-père, in-12, Picard et Kaan.

Entre Mère et Fille, in-12, Fischbacher.

Brochures sur diverses questions d'économie politique et de morale, Alcan. Autres sur les questions d'arbitrage et de paix, au bureau de la Société française pour l'arbitrage, rue Dante, 6.

DIJON, IMPRIMERIE DARANTIERE

POUR

LES

JEUNES GENS

AVERTISSEMENTS ET CONSEILS

PAR

FRÉDÉRIC PASSY

MEMBRE DE L'INSTITUT

Si jeunesse savait…..

PARIS

LIBRAIRIE FISCHBACHER

Société anonyme

33, RUE DE SEINE, 33

—

Tous droits réservés.

PRÉFACE

———

Ce n'est pas sans embarras et sans crainte que j'aborde le grave et délicat sujet dont je me décide à m'occuper. J'ai tardé longtemps, trop longtemps, retenu par la difficulté, et redoutant de n'être pas à la hauteur de la tâche, peut-être aussi, qui sait? peu pressé de m'exposer aux moqueries malsaines et aux grossières attaques des misérables qui vivent de la corruption et de l'ordure. Déjà, pour avoir osé, dans un petit volume,

Entre mère et fille, parler de la nécessité de donner à la future femme quelques notions de ce qu'elle doit au culte honnête et pur de sa personne, j'avais soulevé contre moi et les scrupules des dévots de la sainte ignorance et les ricanements des apôtres de la morale facile.

Que serait-ce si, pour les garçons comme pour les filles, pour les hommes comme pour les femmes, je prétendais soutenir que l'instinct sexuel a besoin d'être dirigé et contenu, que le respect de notre corps et de celui des autres n'est pas une vaine obligation, et que rien n'est plus nécessaire et plus utile que de donner à cet égard, à la jeunesse, avant qu'elle n'ait reçu de trompeurs et dangereux enseignements, une éducation saine et préservatrice? Il n'importe. C'est une œuvre de salut privé et de salut social, devenue (il est impossible de le méconnaître) plus que jamais urgente et impérieuse. Se taire, c'est encourager le mal en lui laissant le champ libre. Il faut parler.

A LA JEUNESSE

C'est à vous, jeunes gens, qui entrez dans la vie avec l'insouciance et les illusions de votre âge, ignorants des pièges qui vous attendent et des dangers auxquels, faute d'en être avertis, vous risquez de succomber ; à vous qui déjà rêvez de bonheur, de succès, de gloire peut-être, et à qui ceux qui vous aiment voudraient conserver tout au moins, avec la vigueur du corps, la dignité de l'âme ; c'est à vous qu'un vieillard, parvenu à l'extrême limite d'une longue existence, se croit tenu d'adresser, avant de disparaître, quelques avertissements et quelques conseils. Ecoutez-les, il vous en conjure, comme si c'étaient les derniers et suprêmes adieux de la voix paternelle. Il y va, je ne crains pas de le dire, de votre santé matérielle et morale et, par elle, de celle de la France. Ce n'est pas, d'ailleurs, en mon nom seul, c'est au nom de tous les pères prévoyants et sages que je vous parle ; et je ne fais, en réalité, que vous transmettre, trop tardivement, l'écho des chères paroles que j'ai eu le bonheur de recueillir jadis d'une bouche vénérée.

C'était en 1834, le premier lundi d'octobre. Elève, depuis un an, au Collège Louis le Grand, mais jusqu'alors renfermé dans la troisième cour, réservée aux classes élémentaires, j'allais, ce jour même, passer dans la seconde, où se trouvaient mêlés, de la sixième à la troisième, des enfants de douze ans et des jeunes gens de quinze ou seize. Au moment de partir pour me ramener à la caserne universitaire, mon père, avec une émotion qu'il ne pouvait dissimuler, me remit une lettre, écrite de sa main à mon intention, et que je ne pus lire, moi non plus, sans une profonde émotion. Un peu plus tard, à la veille d'une absence, il m'écrivait de nouveau, et avec plus de force, les mêmes choses. C'est cette seconde lettre que, pour éviter les répétitions, je me borne à reproduire.

A MON FILS.

——

« Je vais bientôt, mon cher fils, m'é-
loigner de toi pour quelque temps. Je
pars satisfait de ton cœur, de tes sentiments, de ton caractère et des bonnes
dispositions que tu montres pour profiter des excellentes leçons que tu vas recevoir. Mais cela ne suffit pas à ma tran-
quillité ; il faut que j'emporte aussi la
certitude que tu échapperas à un danger
qui anéantirait, en un instant, tous les
résultats heureux que je dois attendre

des qualités que je me plais à reconnaître en toi.

« Cette matière est délicate à traiter avec un garçon de ton âge ; mais la pureté de ton âme, la droiture de ton jugement, ta confiance en moi, tout me rassure, quand ma sollicitude sur ton sort à venir me prescrit cette précaution extraordinaire. Ecoute-moi donc, mon ami, avec la pureté de cœur qui dirige mon intention.

« Dieu, qui a tout créé, tout organisé et qui veille à la conservation de tout ce qu'il a fait, a voulu que, presque dans toutes les classes des êtres vivants, le renouvellement des individus fût le produit de l'union du mâle avec la femelle. La race humaine, la première et la seule raisonnable de toutes celles qui habitent notre globe, est soumise à cette loi suprême, et la propagation de l'espèce est le résultat de l'union charnelle de l'homme et de la femme ; c'est pour cette fin qu'ils sont principalement distingués par la différence de leurs parties naturelles, organes de la génération.

« La première éducation libre et uniforme que tu as reçue, mon fils, en famille, ne t'a pas laissé ignorer cette différence caractéristique des deux sexes.

« Par une sage prévoyance autant que par une bonté infinie, le créateur a voulu que l'acte de la génération fût, pour l'homme et la femme, à qui il le confiait, une source de jouissance, lorsqu'une imagination déréglée, des désirs coupables, ou des liaisons honteuses ne nous font point devancer l'époque où ces jouissances nous sont permises par les lois de la nature et par celles de la société. Ces lois les défendent tant que l'on n'est pas homme fait. Elles te défendent même d'en occuper ton imagination pendant tout le temps destiné à former ton corps et ton esprit, et cela sous peine d'être abruti, avili à tes propres yeux, réduit peut-être à un état d'imbécillité et rendu incapable de donner un jour à d'autres êtres la vie que tu as reçue saine et entière de tes parents.

« C'est pour te faire éviter ces malheurs, et après y avoir réfléchi longtemps, que je me suis décidé à te parler de ce sujet aussi important que délicat, dans la crainte que, par ignorance ou par une curiosité dangereuse, tu ne deviennes la dupe et la victime de l'instruction fausse, insidieuse qu'un autre pourrait peut-être t'offrir. A présent, je suis certain que tu le repousserais avec mépris, connaissant par moi la vérité et les funestes conséquences que pourrait avoir ta confiance en quelqu'autre sur cet objet.

« Une pudeur naturelle est le premier préservatif dont la divinité nous a doués

pour nous faire éviter, pendant notre première jeunesse, les dangers dont je viens
de t'entretenir. Quand tu m'as quitté la
première fois, j'ai ajouté à cette sauve-
garde instinctive une recommandation
générale. Cette recommandation je te
l'ai renouvelée quand tu as quitté le petit collège pour entrer dans ton milieu
actuel. Je sens que, malgré l'excellente
discipline qui y règne, il serait possible,
vu le grand nombre, qu'il s'y glissât un
ou plusieurs écoliers libertins, perver-
tis, dont les principes pourraient te perdre si tu n'étais prévenu. C'est cette
crainte qui m'a décidé à te développer,
avant mon départ, le principal objet de
la recommandation que je te réitère encore aujourd'hui solennellement :

« *Ne fais jamais, mon fils, aucune
action, seul ni dans la société d'un ou de
plusieurs de tes camarades, que tu n'o-
serais faire ou avouer en ma présence.*

« Promets-moi, mon ami, d'être fidèle observateur de cette règle, et je pars tranquille, en bénissant ton existence, mon cher fils, et en faisant des vœux pour que tu trouves dans la carrière que tu dois parcourir tout le bonheur que te mériteront les vertus et les connaissances que tu peux acquérir. »

L'impression que produisirent sur moi, lorsque je les lus pour la première fois, ces paroles si graves, si touchantes, si manifestement inspirées par l'affection la plus éclairée et le plus prévoyant souci de la responsabilité paternelle, ne s'est point affaiblie après trois quarts de siècle ; elle s'est, au contraire, accrue par la douloureuse constatation de la réalité et de l'étendue des dangers signalés alors à mon inexpérience. Je me demande, en les transcrivant aujourd'hui, s'il est possible d'ajouter quelque chose à leur autorité ; si je ne risque pas, en essayant de les commenter, de les affaiblir.

Cependant il y a des esprits irréfléchis et légers, toujours prêts à prendre pour des exagérations les craintes et les préoccupations les plus fondées ; et il y a des âmes inquiètes, qui volontiers poussent à l'extrême les moindres alarmes, ou considèrent comme irréparables et sans remède les moindres erreurs, même involontaires ou inconscientes, qu'elles peuvent avoir à se reprocher. Quelques éclaircissements pour les uns et pour les autres ne seront point inutiles ; et si difficile qu'il soit de les donner avec une clarté suffisante et une réserve convenable, il faut essayer de les donner.

Causons donc, mes amis, de père à fils et de vieillard, qui n'a point oublié le temps où il était jeune, à jeunes gens, en toute confiance en même temps qu'en toute honnêteté. Et ne craignons pas de voir les choses telles qu'elles sont et d'en dire ce qu'il est indispensable d'en dire. Que si, malgré mes efforts, je ne réussissais pas à être suffisamment clair, je vous aurais du moins, je l'espère, fait comprendre la nécessité de recourir, avec le plus complet abandon, à l'expérience de vos chers parents.

POUR LES JEUNES GENS

I

Vous avez, je suppose, douze ou treize ans ; vous n'êtes plus, ou vous n'êtes plus qu'à demi des enfants. Vous commencez même à avoir la prétention d'être de petits hommes ; et en effet vous êtes en train de devenir des hommes. Votre intelligence s'ouvre, et votre corps lui-même perd peu à peu son apparence enfantine. Le timbre de votre voix se modifie, et des changements d'abord à peine apparents, puis plus significatifs, en accusant davantage votre sexe, font pressen-

tir en vous l'approche de ce que l'on appelle la puberté. Ce changement s'accen-
tue surtout vers les organes placés à la
partie inférieure du ventre, qu'un sentiment de pudeur instinctive porte partout
à tenir cachés, et que l'on appelle souvent
les parties honteuses du corps, par op-
position au cœur et au cerveau qui sont
considérés comme des parties nobles.
Honteuses en effet si, n'en comprenant
pas la fonction, on les déshonore par de
coupables et basses manœuvres. Augus-
tes et sacrées, au contraire, si, respectant en elles leur destination, qui est de
permettre la continuation de l'espèce et
de transmettre à d'autres êtres le don
suprême de la vie, on sait les réserver à
leur emploi naturel et légitime. C'est
là, c'est dans un double sac qui com-
mence à se développer, et que l'on dé-
signe souvent par le nom significatif de
bourses, que va se former et se concen-

trer, comme le suc de la plante dans la graine, un liquide extrait du sang, destiné à devenir, lorsque l'âge sera venu et que l'emploi normal en sera permis, l'agent de la fécondation, et pour cela nommé la *liqueur séminale* ; mais qui, jusqu'à cette heure encore éloignée, doit être soigneusement réservé pour la formation plus complète et pour la consolidation du corps encore inachevé. Ces organes sont d'une grande sensibilité. Il s'y produit des sensations nouvelles, des excitations, d'abord incomprises, et qui parfois vous étonnent ou vous troublent. Elles éveillent votre attention, et peuvent, inconsciemment, pour ainsi dire, sans préméditation, ou par une curiosité machinale, provoquer de votre part des actes dont vous n'avez pas mesuré la conséquence. Une démangeaison fortuite, un frottement accidentel, auquel, sans mauvaise intention, vous cé-

dez, comme on se laisse aller à se grat-
ter jusqu'à mettre parfois la chair à vif,
amène, avec une apparence de satisfaction physique, un désordre momentané.
Si, averti par des conseils prudents,
comme ceux que j'avais le bonheur de
recevoir à votre âge, vous savez vous
mettre en garde contre ces accidents,
ou si, allant honnêtement rendre compte
à vos parents de ce que vous éprouvez,
vous comprenez la nécessité de ne rien
faire qui puisse solliciter ces organes ;
si, veillant sur vos pensées comme sur
votre corps, vous ne négligez rien pour
laisser la nature accomplir en vous son
œuvre de croissance dans le calme dont
elle a besoin, vous grandirez et vous
vous fortifierez par le développement naturel de toutes les parties de votre être,
comme grandit et se fortifie la plante
dont on laisse les racines puiser librement leur nourriture dans la terre, et

dont on respecte, en leur ménageant l'air et le soleil, la tige et les branches. Si, au contraire, l'esprit préoccupé de curiosités malsaines, nourri de pernicieuses lectures, de conversations peu faites pour votre âge, cédant à la dangereuse imitation de mauvais exemples ou à la sotte vanité de vous croire de petits hommes, vous vous laissez aller à vous complaire dans les manifestations précoces de votre virilité naissante et, qui pis est, à les provoquer, vous porterez infailliblement une atteinte toujours grave, et qui peut aller jusqu'aux plus tristes conséquences, au développement, à l'existence même de votre intelligence et de vos organes, peut-être à votre vie elle-même. Vous serez, pour reprendre la comparaison que j'employais tout à l'heure, comme une plante que l'on déracinerait à tout propos, comme un arbre dont, par des blessures incessamment renouvelées, on épuiserait, au lieu de la laisser monter en feuilles, en fleurs et en fruits, la sève nourricière. Tous les éléments de notre corps doivent avoir, suivant leur âge, leur emploi, dont ils ne peuvent être détournés sans préjudice. Tous les organes, pendant la période de croissance en particulier, doivent être respectés. Et tous les matériaux élaborés par eux pour la construction complète de cet édifice merveilleux qui s'appelle un corps humain bien constitué ont leur rôle et leur place dans l'élaboration de cet ensemble. Le sang, en circulant à travers les tissus, en développe et en renouvelle la trame ; et de ce sang, qui est comme notre âme matérielle, la partie la plus précieuse, celle qui doit être réservée avec le plus de soin, celle dont la dépense inutile et hors de saison porte la plus grave atteinte à l'économie générale, c'est précisément cette forme dernière de la sève humaine destinée à devenir, lorsque le temps est venu, l'agent de la perpétuation de l'espèce. Il a été constaté par les études des physiologistes et des médecins que toute déperdition, avant l'âge adulte, de cette substance fécondante est un dommage causé au corps entier, non pas seulement par la diminution matérielle qui en résulte, mais par un ébranlement particulièrement malfaisant du système nerveux général (1). Ces inconvénients sont réels, alors même que, le désordre étant rare, ils ne se font pas sentir d'une façon immédiate et appréciable. Ils sont considérables et peuvent devenir terribles si, dégénérant en habitude, le trouble apporté dans l'organisme devient un véritable défi

______

(1) Voir entre autres, sur ce point, la belle conférence, citée plus loin, du docteur Herzen : *Science et moralité*, et celle de M. l'étudiant en médecine Goy, de la Faculté de Lyon : *De la pureté rationnelle.*

à la nature, une lutte renouvelée contre la puissance de la vie qui veut vivre, et contre laquelle la servitude d'habitudes meurtrières s'obstine à réagir. Et c'est ainsi que des enfants qui promettaient de faire la joie et l'orgueil de leur famille, perdant peu à peu leur entrain, leur franchise, s'abandonnant à leur vice sexuel, comme d'autres à l'empire de l'alcool, de la morphine ou de l'opium, tombent graduellement dans le marasme, et parfois succombent avant d'avoir atteint l'âge de la pleine adolescence.

Jugez-en, si vous croyez que je charge le tableau, par vous-même. Voyez, parmi vos camarades, ces deux caractères jadis presque semblables, aujourd'hui absolument différents : l'un gai, ouvert, actif, ardent au jeu comme au travail, se plaisant à tous les exercices et s'intéressant à toutes les études, qui, le sourire aux lèvres et le regard franc, va droit devant lui, plein de confiance et inspirant la confiance, et cet autre sans énergie, sans vivacité, à l'allure lourde et embarrassée, au regard terne et louche, pareil, en quelque sorte, à ces animaux amis de l'obscurité qui cherchent l'ombre humide des milieux bas, et que la lumière semble blesser. Le premier n'a fait que laisser s'épanouir en lui la belle nature ; l'autre, en la contrariant journellement, s'est condamné lui-même à devenir un déchet humain.

II

Je viens de parler de la perversion
précoce de l'instinct sexuel. L'une des
causes de cette perversion et des fausses
idées qui la favorisent, c'est la sépara-
tion trop habituelle des sexes et l'entas-
sement des garçons dans les internats,
en dehors du commerce habituel des
jeunes filles et des femmes, qui devien-
nent pour eux, en quelque sorte, le fruit
défendu. L'expérience a démontré que,
pour les garçons comme pour les filles,
le mélange journalier, l'habitude de vivre

ensemble, frères et sœurs, cousins et cousines, camarades, amis et amies, exerce, au contraire, la plus heureuse influence, donnant aux uns et aux autres de l'aisance, en même temps que de la retenue, et inspirant du respect avec de l'affection (1). C'est la préparation nécessaire à la période de l'adolescence, dans laquelle se doivent former librement, sous l'œil vigilant des familles, mais sans contrainte, les attachements et les sympathies qui préparent les unions futures, formées en connaissance de cause et en toute honnêteté.

Voici l'heure d'y songer et de se faire, sur les relations légitimes des deux sexes, des idées et des sentiments raisonnables.

Le temps a marché. L'adolescence est venue. Vous êtes, si vous avez été assez

(1) Voir à cet égard l'intéressante brochure de Mme Pieczynska : *la Fraternité intersexuelle.*

heureux pour échapper aux déperditions précoces, arrivés, selon l'expression de saint Paul, à la stature d'homme, en possession de toutes vos forces. Vous avez atteint ce qu'on appelle l'âge nubile. Un attrait, non plus vague et obscur comme dans l'enfance, mais clairement accusé et compris, vous porte vers les personnes d'un autre sexe. Cet attrait n'a rien en soi-même que de respectable et de sain. Mais alors les mauvais conseils ou les mauvaises tentations prennent une autre forme, non plus, j'y insiste, contre nature comme la première, mais prématurée tout au moins et inopportune. Il faut être un homme, vous dit-on, ou vous dites-vous à vous-même. Volontiers, si la chose était possible, si les convenances, la situation, la nécessité de vous préparer une carrière vous le permettaient, vous choisiriez (peut-être l'avez-vous déjà entrevue) une jeune fille à laquelle vous associeriez votre sort, et, heureux de pouvoir vivre honnêtement sans vous imposer une contrainte difficile, vous fonderiez une famille. Est-ce possible ; et peut-on raisonnablement exiger de vous qu'au défaut des satisfactions que vous rencontreriez dans un amour honnête, vous vous condamniez, comme un moine au fond de sa cellule, à toute la rigueur d'un célibat immaculé ?

Ainsi vous parleront les avocats de la morale facile, humiliés peut-être, sans s'en rendre bien compte, de la supériorité que vous gardez sur eux et désireux de vous la faire perdre. Ils ne manqueront pas, si, par une répugnance instinctive pour la débauche, vous persistez à refuser de suivre leur exemple, de vous dire que l'on ne fait pas violence à la nature, et que vous vous exposez, par une contrainte qu'elle désavoue, à des troubles et à des désordres qui peuvent alté-

rer votre équilibre physique et moral. Ou,
si ces considérations ne vous touchent
point, ils s'adresseront à votre amour-
propre, en vous faisant honte de ce qu'ils
appelleront votre lâcheté, vous repro-
chant de ne point oser être des hommes,
vous accusant même, au besoin, de n'être
point capables de faire preuve de votre
qualité d'homme.

Vous pourriez leur répondre, avec l'autorité de plus d'un des maîtres de la médecine et de la physiologie, que les inconvénients de la continence, s'ils existent,
sont infiniment plus rares et moins graves que les inconvénients et les dangers
de l'incontinence. Vous pourriez leur
citer non pas seulement ces grands saints
élevés en quelque sorte au-dessus de
l'humanité, les saint Bernard, les saint
Vincent de Paul, qui ont dû à leur vertu même leur activité prodigieuse, la
puissance inépuisable de leur dévoue-

ment et leur influence sur leurs semblables, mais des laïques, des savants, des hommes politiques, comme les Pitt, les Turgot et l'immortel Newton, étrangers à tout ce qui pouvait les détourner de la haute mission qu'ils s'étaient assignée. Vous pourriez leur rappeler, en face de cette déclaration du grand Marc-Aurèle : « Je dois aux dieux de n'avoir pas été homme avant l'âge, et même beaucoup plus tard, » cette douloureuse confession de ce poëte si admirablement doué, dont la vie a été troublée à jamais par les désordres de sa jeunesse, Alfred de Musset :

Ah ! malheur à celui qui laisse la débauche
Planter son premier clou sous sa mamelle gauche !
Le cœur de l'homme vierge est un vase profond ;
Lorsque la première eau qu'on y verse est impure,
La mer y passerait sans laver la souillure ;
Car l'abîme est immense et la tache est au fond.

Il ne s'agit pas, bien entendu, de faire ici de l'ascétisme, et d'ériger en principe,

comme certains Pères de l'Eglise, la supériorité du célibat sur le mariage. Si
le premier peut être exceptionnellement
un état en quelque sorte au-dessus de
la nature humaine, le second est, assurément, dans la majorité des cas, l'état
normal, celui dans lequel, sous l'influence d'une affection mutuelle, et par
la fortifiante vertu des devoirs, des joies
et des épreuves partagés, l'homme et la
femme peuvent atteindre le moins im-
parfaitement le but de l'existence et s'é-
lever à la plus haute valeur intellectuelle
et morale. Mais cet état de mariage,
comme tout ce qu'il est permis de dé-
sirer dans cette vie, ne peut être obtenu,
le plus souvent, et ne peut donner ce
qu'on est en droit d'en espérer, qu'au
prix d'une attente et d'une préparation
difficile et lente ; et la meilleure façon
de s'en rendre digne et d'en bien user,
la seule, à vrai dire, c'est de s'accoutu-

mer, par le respect du sexe auquel on n'appartient pas, par la haute idée que l'on se fait de ce lien des corps auquel on aspire, et qui n'est complet que s'il est doublé par le lien des âmes, à mériter de devenir l'agent de la transmission du dépôt sacré de la vie.

Il faut que jeunesse se passe, vous dira-t-on. Il faut jeter sa gourme, et, pour ne pas entrer étourdiment et sans expérience en ménage, pour être un bon époux et un bon père, il n'est pas toujours mauvais d'avoir commencé par avoir quelques aventures. La nature, d'ailleurs, a ses exigences, ajoutent, en le regrettant parfois, de prétendus sages et de prétendus savants. Les organes de la génération comme les autres, dès qu'ils sont complètement développés, doivent remplir leur fonction, sous peine de s'atrophier, et la continence trop obstinément prolongée peut altérer gravement la santé physique et intellectuelle. Et l'on invoque à l'appui de cette thèse des déclarations de médecins et de physiologistes. Les déclarations contraires, Dieu merci ! ne manquent pas. « On dit que la santé réclame la satisfaction du besoin génital », disait, dans une admirable conférence sur la question des mœurs, *Science et moralité*, le savant docteur Herzen, professeur de physiologie à l'Université de Lausanne. « Je n'hésite pas à déclarer que cela est faux. Dans le cercle restreint de mes anciens camarades et amis, appartenant à différents pays et à différentes classes sociales, plusieurs sont restés purs jusqu'au jour de leur mariage. Pas un seul n'en a souffert, et je n'ai jamais entendu dire que qui que ce soit fût malade à cause de cela...»

Une enquête a été ouverte depuis sur cette question même par la revue *La*

Chronique médicale. Les trois quarts environ des médecins qui y ont répondu, et dont quelques-uns cependant trouvent toute naturelle la conduite habituelle de la jeunesse, affirment catégoriquement que la continence ne présente, pour un homme bien équilibré, aucun inconvénient sérieux. Le corps de l'adolescent, disent quelques-uns d'entre eux, n'est, en réalité, complètement formé, suivant les régions, que vers vingt-deux et même vingt-cinq ans. Jusque-là, les organes génitaux demeurent — ils le restent même toute la vie — des organes de nutrition. Lorsque l'on est sobre, actif et occupé d'études sérieuses ou de hautes pensées d'avenir, la chasteté la plus absolue peut être observée, non sans difficulté et sans mérite parfois, mais sans aucune altération de la santé et sans aucun affaiblissement, bien au contraire, de la puissance génératrice. Telle est entre autres la réponse très fortement motivée d'un étudiant de la Faculté de Lyon, M. Goy, et celle du docteur Raoult, de Vernon, dont la thèse, consacrée à la démonstration de cette vérité, a été reçue, il y a cinq ans à peine, à la Faculté de Paris, avec la mention : « extrêmement satisfaisant ». « Le jeune homme peut », dit textuellement le docteur Raoult, « rester continent jusqu'au mariage sans avoir rien à craindre ni pour sa virilité, sa fécondité future, ni pour sa santé, ni pour sa mentalité... »

Un témoignage d'un autre ordre nous est fourni par le livre de M. Jules Huret sur l'Amérique. Le président de l'Université de Harvard, M. Elliot, dit-il, est, comme le Président Roosevelt, partisan déclaré de la chasteté absolue jusqu'au mariage. Et il affirme que les trois quarts environ de ses étudiants, jeunes gens de dix-huit à vingt-trois ans, dont M. Huret, venait d'admirer la vigueur et la puissante musculature, observent rigoureusement cette loi. « J'ai pu m'assurer », ajoute M. Huret, « de façon à ne conserver aucun doute, qu'il en est réellement ainsi ». Et cela, dit M. Elliot, n'est pas spécial à ces étudiants, c'est le régime ordinaire des Américains de toutes classes. L'étudiant rencontré ivre ou en compagnie d'une femme de mauvaise vie, ou qui en aurait reçu une dans sa chambre serait immédiatement banni de l'Université.

Et le meilleur résumé de toutes ces opinions, en somme, c'est ce que M. de Backer, dans l'enquête précitée, appelle son catéchisme anti-tuberculeux : « Sois sobre ; sois chaste ; sois supérieur à tes microbes. »

Anti-tuberculeux et anti-syphilitique. Car il n'y a pas, pour vous détourner, jeunes gens, des écarts de conduite, que des raisons morales ; il y a aussi des raisons matérielles, et d'une terrible gravité. Je ne veux pas insister outre mesure sur ces périls auxquels, non seulement par la débauche proprement dite, mais par des liaisons en apparence moins grossières et moins hasardeuses, on s'expose imprudemment.

Je laisse aux médecins qui ont entrepris de combattre ce qu'ils appellent, à trop bon droit, un fléau national, le soin de vous éclairer. Ils vous diront les conséquences, toujours graves, souvent terribles, que peuvent avoir, en dépit de toutes les apparences de sécurité, d'élégance et de distinction même, les rencontres accidentelles et les contacts irréguliers. Ils vous montreront, non seulement votre santé compromise, votre sang altéré, votre vieillesse menacée, mais le poison, lorsque vous croirez l'avoir éliminé, passant, à votre désespoir et à votre honte, dans le sang de votre femme, de vos fils et de vos filles ; et la mort, ou des infirmités pires que la mort, venant semer le deuil dans votre famille et vicier de proche en proche, avarier (le mot est devenu courant) la race nationale.

On sait ce que sont les maladies désignées par ce mot, dit le docteur Herzen, « mais on ne sait pas jusqu'à quel point sont profonds et durables les ravages qu'elles font. On ne sait pas la gravité et le nombre de cas répandus partout. On ne sait pas que ces maladies sont non seulement *contagieuses*, mais qu'elles sont *incurables*, et par dessus le marché *héréditaires...* » Et, examinant ces trois points, il montre le malheureux qui s'est exposé à l'infection, après avoir été atteint dans sa personne d'une façon cruelle et irrémédiable, devenant pour son entourage immédiat et pour sa descendance, et, dans certains cas, pour des étrangers, par un simple contact, par une poignée de mains, un foyer de maladie et de mort.

Mais je ne veux pas, ai-je dit, insister sur ces douloureuses considérations. Et, laissant à d'autres le soin de vous épouvanter, j'aime mieux m'adresser à votre énergie, à votre droiture, à votre dignité et à votre honneur ; et vous demander ce qu'il faut penser de nos doctrines courantes d'égoïsme et de lâcheté.

Quoi ! parce que les hommes se seront fait une morale spéciale ; parce qu'ils auront érigé en nécessité l'obéissance plus ou moins complète ou grossière à leurs appétits animaux, ils pourront, sans rougir et sans se sentir coupables, considérer comme une chose naturelle, indifférente, l'abaissement et la dégradation professionnelle d'une partie de l'espèce humaine, vouée à n'être plus que l'instrument passif de leur propre prostitution ! Ils ne comprendront pas que c'est par eux, puisque pour eux, que des créatures humaines, malgré elles souvent, et par suite de fraudes et de violences encouragées par eux, sont tombées dans l'abjection, dans le crime même, entretenant autour d'elles tout un monde de malfaiteurs dangereux, qui vivent de leur misère et de leur honte !

Quoi ! ce sera un jeu, une peccadille tout au moins, de profiter de la faiblesse d'une pauvre fille sincère, et, sous le nom d'un amour qui se prétend véritable, de lui préparer, après les plus cruelles déceptions, une vie de désespoir et d'opprobre !

Quoi ! ce sera chose toute simple, fantaisie de bon ton, bonne fortune, comme l'on dit, de porter le trouble dans un ménage honnête, de rendre une mère de famille, jusque-là irréprochable et désireuse de le rester, infidèle à ses devoirs, et de tromper un honnête homme dont on se dit l'ami, tandis que l'on porte atteinte à son bonheur et à son honneur !

Quoi ! il y aura, suivant les sexes, deux morales, l'une d'une sévérité rigide ; l'autre d'une facilité complaisante ! La moindre légèreté, quelles que soient les circonstances qui ont pu la rendre fatale, sera, pour une jeune fille, une déchéance impardonnable ; et les désordres habituels, les moins excusables, seront, pour le jeune homme, pour l'homme marié lui-même, des péchés véniels et sans grande conséquence ! On réclamera de celle à laquelle on songera, un jour ou l'autre, à unir sa vie, un passé sans tache. On trouvera tout naturel d'exiger d'elle la pureté la plus absolue, non de corps seulement, mais de pensée ; on voudra être pour elle la première révélation de l'éveil des sens et de la tendresse du cœur. Et, à cette statue que l'on se réservera d'animer, à ce pur bloc de marbre dans lequel on voudra, comme Pygmalion, infuser la vie ; à cette âme neuve, à qui l'on devra la direction, les conseils, l'exemple et le support, on se croira en droit d'apporter, sans se sentir couvert de confusion, les rebuts d'un corps fatigué, les désillusions d'un esprit désenchanté et la triste incapacité de comprendre les délicatesses et les aspirations de sa jeune confiance ! On fera cela de propos délibéré, non par faiblesse, par entraînement, par hasard, mais comme une chose normale, comme l'exercice d'un droit naturel de son sexe, et l'on se croira un honnête homme ! En vérité, si cette conduite, qui est celle du plus grand nombre, n'avait pour excuse l'exemple, la tradition, l'on pourrait presque dire la contrainte d'une morale conventionnelle passée à l'état de loi sociale, on ne saurait comment comprendre une pareille aberration !

Non, l'on aura beau dire, la loi du devoir est la même pour les deux sexes. Et, soit pour condamner, soit pour pardonner, dans les cas où la faiblesse humaine comporte de l'indulgence ou de la pitié, il n'y a pas, il ne devrait pas y avoir deux mesures.

« Songez », écrivait à un jeune homme le Père Lacordaire, « qu'il y a quelque part, je ne sais pas où, une jeune fille qui, entre sa mère et son frère, qui veille sur elle, comme vous veillez sur votre sœur, se conserve pure pour vous, qu'elle ne connaît pas, mais qu'elle connaîtra un jour ; et demandez-vous si, pour être digne d'elle, vous n'avez pas, vous aussi, à veiller sur vous-même. »

Je pourrais, si je le voulais, invoquer à côté de ce noble appel à votre conscience bien d'autres témoignages. Je n'en citerai qu'un, qui vous étonnera peut-être : c'est celui d'un homme bien mal jugé, parce qu'il est bien mal connu, ceux qui ont l'habitude d'en parler n'ayant jamais pris la peine de le lire et préférant lui prêter, pour l'en pouvoir accuser, des idées qui n'ont jamais été les siennes, l'Anglais Malthus. L'un des sentiments les plus impérieux et les plus respectables, lorsqu'il n'est pas détourné de sa destination normale, dit-il, c'est le sentiment qui porte les uns vers les autres les jeunes gens des deux sexes. Ce sentiment, que l'on pervertit souvent en lui refusant son influence légitime, peut devenir, lorsqu'il est bien dirigé, l'aliment des plus nobles et des plus glorieuses vertus. On ne fait guère, ajoute-t-il, en s'adressant à ceux que commencent à solliciter les instincts puissants et doux de la nature et de l'affection, de plan de vie sans que l'amour y tienne sa place. Mais il faut que ce soit un amour honnête, ennobli par le partage d'espérances communes et la perspective de communs devoirs. Un amour assez sérieux et assez pur pour savoir se fortifier au lieu de s'éteindre par l'attente, un amour durable et fait pour durer. Le mariage, assurément, est, pour la plupart, le but de la vie. Et vous avez raison, jeunes gens, d'y aspirer. Mais ce but, le plus souvent, comme bien d'autres, ne saurait être atteint aussitôt que désiré. L'avenir ne se prépare et ne s'obtient qu'au prix de sacrifices imposés au présent; et c'est par une période de patience, de travail, de respect de soi-même et de respect de celui ou de celle dont on attend le bonheur, que l'on peut réellement s'assurer ce bonheur en le méritant. Une jeunesse laborieuse et chaste, soutenue par la pensée des grands devoirs auxquels elle prépare, est comme le portique sacré au delà duquel on entrevoit le foyer béni qui doit devenir le temple auguste de la famille.

Admirable langage, sages et salutaires conseils, qui changeraient, s'ils étaient écoutés, la face du monde et feraient de la jeunesse, en attendant l'âge du mariage, un véritable printemps, le printemps de la vie ! Poursuivre à deux, dans le travail et dans la pureté, le rêve d'une existence heureuse et digne, s'aimer d'autant plus que nulle pensée coupable ou équivoque ne vient troubler le charme de cette mutuelle confiance, n'est-ce pas, dans l'enchantement d'un bonheur sans mélange, se préparer les plus sûres et les meilleures garanties de force, de courage et d'union pour les devoirs et les épreuves de l'avenir ?

Demandez-le, si vous avez le bonheur d'en connaître, à ceux qui ont eu le privilège de faire ainsi l'apprentissage de la sainte union conjugale. Ils seront unanimes à vous dire que rien ne vaut, pour s'aimer toujours et de plus en plus, de s'être aimés ainsi en se respectant et en s'attendant. C'est la fleur qu'il ne faut pas cueillir si l'on veut avoir et savourer le fruit; et ceux-là seuls peut-être savent complètement ce que c'est que l'amour qui ont pu, en échappant à ses contre-façons, le goûter dans toute sa pureté.

Et si, malheureusement, l'avenir doit les tromper; si la maladie, la mort, les vicissitudes imprévues réduisent à néant leurs espérances et font succéder aux sourires de l'aube les orages du midi et les ombres du soir, il leur restera toujours, au plus profond d'eux-mêmes, comme un parfum secret de ce bonheur passé. Dans leurs cœurs brisés, comme dans les éclats du vase qui a été pénétré de l'arome de la rose, ils retrouveront, en dépit de tout, un souvenir mélancolique et doux de ces heures bénies.

III

Je pourrais, je devrais peut-être
m'arrêter ici, considérant ma tâche
comme accomplie. C'est pour la jeunesse
que j'ai entrepris ce travail, et ce sont
des hommes faits, en droit de se diriger
eux-mêmes, et jaloux de le faire, que
j'ai maintenant devant moi. Dieu me
garde de prétendre empiéter en rien sur
leur liberté ! Je leur conseillerais plutôt
de la défendre, si elle était menacée,
même contre les influences les plus légitimes. Que si, cependant, après m'avoir

suivi jusqu'ici, ils voulaient bien, en se réservant de juger par eux-mêmes de la valeur de mes conseils, m'écouter encore ; si, à titre d'ami et sans me poser aucunement en Mentor, ils me permettaient de ne pas me désintéresser de leur avenir, je ne croirais pas faire œuvre inutile en prolongeant ce paternel entretien.

Vous voici, jeunes gens, arrivés, sans trop d'accidents, je l'espère, au seuil du mariage. De bien des côtés, et à bien des points de vue, on cherche à diriger votre choix. Les uns vous vantent les avantages de telle alliance ; les autres vous en représentent les inconvénients. Ici, c'est l'importance de la dot que l'on fait briller à vos yeux ; là, le crédit de la famille dans laquelle on voudrait vous voir entrer, ou, si vous paraissez avoir d'autres idées, ce sont des objections de toutes natures qui vous sont opposées.

Pour tout dire d'un mot, on veut ou vous marier, ou vous empêcher de vous marier. Ne vous laissez pas faire, et n'oubliez pas que c'est votre sort, et le sort de toute votre vie, dont vous allez décider. Oh ! je n'entends pas, en parlant ainsi, vous prêcher la révolte contre l'autorité de la famille, et vous encourager à ne tenir aucun compte des observations qui vous seront présentées, bien au contraire. Je ne crois pas qu'il soit bon, et j'ai pu constater qu'en général il n'est pas heureux d'entrer en ménage sans les vœux et les bénédictions de ses parents. Mais il n'est pas meilleur d'y entrer de mauvais gré, par contrainte ou par une déférence excessive pour des volontés étrangères, quelque sacrées qu'elles soient. C'est pour soi, je le répète, que l'on prend une femme ; et si l'on ne doit rien négliger pour se mettre en garde contre les entraînements de la passion, jamais l'on ne doit se laisser imposer une détermination contre laquelle on sent son cœur ou sa raison protester. Epouser une femme à laquelle on se croit incapable d'accorder une affection sincère et complète, c'est, vis-à-vis d'elle, une trahison, et, vis-à-vis de soi-même, une abdication.

Avant tout, donc, celle dont vous demanderez ou accepterez la main doit vous plaire ; ce n'est pas assez dire, vous inspirer un sentiment qui vous la rende entre toutes préférable. Vous plaire, dis-je, mais non vous éblouir jusqu'à vous enlever, peut-être, la faculté de la juger sans aveuglement. Une beauté éclatante, une voix admirable, un talent littéraire, artistique, brillant ne suffisent pas, quelque appréciables qu'ils soient, pour motiver un attachement durable et l'engagement de toute une existence. Il y faut des mérites plus réels, quoique plus modestes : la solidité du bon sens, la douceur et la fermeté du caractère, l'égalité d'humeur, la bonté, avec le charme qui en émane, et ce je ne sais quoi, très différent de la beauté, qui peut s'allier avec elle, mais qu'elle ne donne pas nécessairement, la grâce, plus belle encore, comme le dit si bien La Fontaine, et moins fragile.

Rien de plus dangereux, l'on pourrait dire de plus coupable, que ces enthousiasmes auxquels on cède en les croyant irrésistibles, et que suit bientôt la désillusion. Rien de plus déraisonnable, par conséquent, que la façon dont se concluent trop souvent les mariages dits de convenances, et dont le résultat est d'unir des gens qui ne se conviennent pas. On vous propose ce que l'on appelle un bon parti, c'est-à-dire la fortune d'une jeune personne que vous ne connaissez pas et qui ne vous connaît pas. Vous ferez connaissance, vous dit-on ; et dans quinze jours, dans un mois, ou dans six semaines, quand cette connaissance sera faite, vous vous épouserez. Non, vous aurez beau faire, tâcher d'être clairvoyants, et tâcher d'être sincères, vous ne vous connaîtrez pas, parce que, sauf de rares exceptions, vous ne vous serez pas vus dans les conditions ordinaires de votre vie ; bon gré mal gré, vous aurez été en représentation, jouant un rôle et en voyant jouer un. Et c'est en cela que sont si désirables et si bienfaisantes, ainsi que je le disais plus haut, ces honnêtes et franches relations dans lesquelles on se rencontre sans aucune idée de penser l'un à l'autre, et à la suite desquelles on est amené insensiblement à y penser et à préparer, par une période d'attente, l'accord définitif. Combien regrettables, au contraire, ces unions précipitées, inconsidérées, auxquelles, bien que contractées de bonne foi, succède trop vite la constatation de ce que l'on appelle l'incompatibilité d'humeur !

On a, aujourd'hui, il est vrai (je le sais puisque je l'ai votée, non sans hésitation), la ressource du divorce ; et si l'on s'est trompé, on peut toujours dire qu'erreur n'est pas compte. Ressource dangereuse et dont la perspective ne contribue pas peu à la facilité avec laquelle on accepte des engagements que l'on sait pouvoir rompre. « On se prend parce qu'on se plaît », entendais-je dire un jour à une dame ; « On se quitte parce qu'on a cessé de se plaire. » — Absolument, Madame, comme dans les grands magasins, où vous pouvez reporter, demain, la robe que vous avez achetée hier ; à la condition toutefois qu'elle ne soit pas défraîchie. Vous serez, croyez-moi, quoi que vous en puissiez penser, très défraîchie quand vous aurez une fois ou deux cessé de plaire ou cessé de trouver à votre goût celui qui vous avait plu. Sans parler (je n'y veux point insister) de l'étrange situation dans laquelle vous pourriez vous trouver entre votre mari d'hier ou d'avant-hier et celui d'aujourd'hui ; sans parler surtout, chose autrement grave, et dont la responsabilité devrait vous faire trembler, de la situation à laquelle vous risquez de condamner les innocents issus de telle ou telle de vos unions successives, et qui ne sauront plus où est leur famille et ce que c'est qu'une famille.

Non, ce n'est point pour cet usage ; ce n'est point pour favoriser de telles légèretés, de tels mépris de l'union sainte à laquelle a été confié le dépôt de la vie humaine et le pouvoir de la transmettre, que le divorce, remède extrême et toujours regrettable à des situations absolument intolérables, a été réservé. Le mariage, en dépit de cette concession discutable à l'erreur ou à l'infortune, est de sa nature un contrat sur lequel on ne doit point revenir. Ce n'est point un caprice, une fantaisie ; c'est, selon la vieille définition du droit romain, un don mutuel de l'être entier, et pour la vie entière, la fusion de deux existences, la mise en commun, sans restriction et sans retour, de tous les biens, de tous les devoirs, de toutes les affections, de toutes les épreuves et de tous les sacrifices, dans l'adversité comme dans la prospérité, dans la maladie comme dans la santé ; c'est, comme le disait le poète Manuel, dans sa belle pièce *Le Viatique*, *le serment sacré qui survit à la mort.*

Et, pour qu'il en soit ainsi, il faut que, de part et d'autre, il soit conclu en parfaite connaissance de cause et en pleine sécurité. On n'achète pas un cheval ou

un chien sans les examiner avec grand
soin, ou les faire examiner par un con-
naisseur. Et l'on s'expose tous les jours
à prendre pour femme ou pour mari,
pour père ou mère de ce que l'on aura
de plus cher au monde, ses enfants, un
être sur le compte duquel on n'a peut-
être que des renseignements les plus in-
suffisants, pour ne pas dire les plus trompeurs ! Il se produit à ce sujet, depuis
un certain temps, un mouvement de
réaction très accusé, parmi une certaine
école de médecins. Dans l'intérêt de la
race, la race humaine valant bien, disent-
ils, la race bovine ou porcine, aucun
mariage ne devrait être autorisé sans que
la Faculté, en leurs personnes, y eût don-
né son assentiment ; et vous devriez,
vous, monsieur, et vous, mademoiselle,
montrer patente nette, sous forme d'un
certificat dûment légalisé. Quelques-uns
même prétendraient confier à l'Etat,

c'est-à-dire à eux, le soin d'appareiller les couples et d'interdire, de permettre ou de commander à tel brun d'épouser telle blonde, ou inversement, en prétendant préjuger les bons ou mauvais résultats de ces accouplements. Il va de soi qu'ils refuseraient, à ceux ou à celles qu'ils ne jugeraient pas suffisamment robustes pour faire souche de bonne progéniture, la faculté de contracter mariage. Je n'ai pas besoin de dire combien, poussée ainsi à l'extrême, cette ingérence de la médecine dans la vie privée serait abusive, immorale et dangereuse. Il n'est pas sûr, d'ailleurs, qu'elle présentât des garanties bien sérieuses. Tout le monde a vu les plus beaux couples demeurer inféconds ou ne donner naissance qu'à des avortons ; des femmes d'apparence chétive et des jeunes gens dont la santé paraissait précaire défier toutes les prévisions fâcheuses et élever heureusement de magnifiques enfants. Une chose est vraie toutefois : c'est que, sans aller jusqu'à ces exagérations, il est sage de ne pas rester indifférent aux apparences, aux probabilités, et de chercher à se renseigner, discrètement, mais sûrement, sur les antécédents de la famille dans laquelle on songe à entrer, ainsi que sur le plus ou moins de santé de celui ou de celle que l'on se propose d'épouser. Se tromper ou se laisser tromper grossièrement, sous ce rapport, est une imprudence inexcusable ; tromper est une faute impardonnable, un véritable abus de confiance.

A plus forte raison se doit-on l'un à l'autre la vérité sur ses antécédents moraux et sur sa conduite. L'homme et la femme, pour être heureux en ménage et pour avoir l'esprit tranquille, doivent y vivre à cœur ouvert, sans réticence, sans soupçon, sans plaie secrète et sans honte cachée. Si, donc, avant de vous engager définitivement et d'accepter l'engagement de celle que vous voulez choisir, vous avez sur la conscience quelque faute, une peccadille, un accident, une erreur plus grave, mais passagère et regrettée, n'hésitez pas, quoi qu'il vous en puisse coûter, à en faire, en temps utile, l'aveu discret, mais sincère. Le résultat peut vous être cruel. Ce sera la rupture d'un nœud prêt à se former, la perte d'une espérance chère. Ce sera peut-être aussi, avec l'indulgence et le pardon dû à votre loyauté, une estime désormais sans réserve. Mais, quelle que puisse être la conséquence de votre aveu, c'est un cas de conscience; et tout vaudra mieux, croyez-le, que la contrainte d'une dissimulation perpétuelle, l'embarras de sentir un secret entre votre femme et vous et le risque de la

voir un jour surprendre ce que vous
lui auriez caché. Qui sait quel coup
pourrait être porté alors à son affection, et quels reproches vous vous
adresseriez à vous-même en vous sen-
tant diminué à ses yeux ?

IV

Vous avez, je le suppose et je l'espère,
tenu compte de tous les avertissements
et pris, en même temps que toutes les
précautions pour bien choisir, toutes
les résolutions de bien vous conduire et
de remplir vos devoirs d'époux et, s'il y
a lieu, de père. Vous êtes marié, et marié selon votre choix ; vous êtes heureux
et vous voulez faire durer votre bonheur. N'en abusez pas, et ne vous figu-
rez pas que vous n'ayez désormais, l'un
et l'autre, qu'à vous adorer. De l'amour,
comme de tout, il faut savoir user et

non abuser. *Un peu d'amour,* dit un vieux proverbe, *nourrit l'amour ; trop d'amour fait mourir l'amour.* Vous avez, d'ailleurs, autre chose à faire qu'à vous contempler. Vous avez à organiser votre vie, à vous occuper de vos affaires, de votre carrière, de votre ménage, de vos obligations de famille et de société, à être autre chose, comme le dit le poète antique, que des animaux qui dévorent les fruits de la terre : *Fruges consumere nati.* Et pour cela, quelle que soit votre position, votre fortune, votre rang dans le monde, vous avez à cultiver votre esprit et celui de votre femme. Le bonhomme Chrysale a raison :

On vit de bonne soupe et non de beau langage ;

Et Clitandre n'a pas tort de ne pas vouloir qu'une femme ait

.....la passion pédante
De se faire savante afin d'être savante.

Mais le beau langage a son prix et l'ignorance a ses dangers. Ce n'est que par exception, bien qu'on ait tort de leur en refuser le droit, que les femmes peuvent utilement sortir de leur foyer et se mêler trop ouvertement aux luttes de la politique et de la science. Mais c'est habituellement, c'est toujours qu'elles ont tort d'y demeurer de parti pris indifférentes, et que les hommes, les considérant comme leurs servantes ou leurs idoles, les renvoient à leur ménage ou à leurs chiffons. L'union complète est l'union de l'esprit comme du corps, du cerveau comme du cœur ; et, pour être dissemblable, la femme n'est point, quoi qu'en pense notre vanité, inférieure à l'homme. « Si ta femme est petite », dit un proverbe dont je voudrais connaître l'origine, « baisse-toi pour l'écouter. »

Laissez-moi vous faire, à ce propos, deux citations, l'une d'un célèbre publiciste anglais, John Stuart Mill, et l'autre d'un Français qui a laissé un nom dans la politique, Alexis de Tocqueville.

« Que serait », dit Stuart Mill, « le mariage de deux personnes instruites, ayant les mêmes opinions et les mêmes visées, égales par la meilleure espèce d'égalité : celle que donne la ressemblance des facultés et des aptitudes, inégales seulement par le degré de développement de ces facultés, l'une l'emportant par celle-ci, l'autre par celle-là ; qui pourraient savourer la volupté de lever l'une vers l'autre des yeux pleins d'admiration, et goûter tour à tour le plaisir de se guider et de se suivre dans le sentier du développement ? Je n'essaierai pas d'en faire le tableau. Les esprits capables de se le représenter n'ont pas besoin de mes couleurs ; les autres n'y verraient que le rêve d'un enthousiaste. Mais je soutiens avec la conviction la plus profonde que là, et seulement là, est l'idéal du mariage; et que toutes les opinions, toutes les coutumes, toutes les institutions qui en entretiennent un autre ou tournent les idées et les aspirations qui s'y rattachent dans une autre direction, quel que soit le prétexte dont elles se colorent, sont des vestiges de la barbarie originelle. La régénération morale de l'humanité ne commencera réellement que lorsque la relation sociale la plus fondamentale sera mise sous la règle de l'égalité et lorsque les membres de l'humanité apprendront à prendre pour objet de leur plus vive sympathie un égal en droit et en lumière. »

Nul doute, dit de son côté Tocqueville, que ce ne soient les femmes qui, dans l'ensemble, donnent à une nation son caractère dominant. Parfois j'ai vu un homme médiocre développer dans la vie publique les plus rares qualités et la plus haute grandeur d'âme. Et pourquoi? Parce qu'il avait à côté de lui une femme qui, sans lui dicter précisément tel ou tel acte, telle ou telle résolution, savait lui inspirer des idées nobles et des sentiments généreux. Plus souvent aussi, je dois le dire, j'ai vu un homme doué des qualités les plus brillantes, et désireux de les bien employer, en venir peu à peu à ne plus considérer sa participation à la vie publique que comme un moyen d'accroître son bien-être personnel ; et cela par l'influence d'une femme, épouse fidèle, bonne mère de famille, mais chez qui la notion du devoir social n'avait jamais été non seulement cultivée, mais simplement éveillée.

Voilà, certes, direz-vous, un admirable idéal ; mais il n'est pas fait pour tout le monde, et rares sont ceux qui peuvent se sentir appelés à de si graves

préoccupations et à de si hautes desti-
nées. Erreur, mes amis ! Nul, à l'époque
à laquelle nous sommes arrivés, ne peut
jamais savoir où le porteront un jour les
vicissitudes de la vie sociale. Nul, d'ailleurs, fût-il assuré de demeurer toujours
confiné dans l'ombre de la plus humble
carrière, ne peut se dire que son exemple,
son langage, son action sur son entourage, les idées et les sentiments qu'il
inspirera à ses enfants n'auront pas,
par un rayonnement qui lui échappera,
une influence plus ou moins considérable
sur cet entourage. Mais laissons (il suffit de les avoir indiqués) ces horizons
plus vastes, et revenons, avant de le
quitter, à ce foyer familial qui doit rester le centre de votre vie, et de la bonne
ou mauvaise conduite duquel dépendra
votre bonheur ou votre malheur.

Vous y êtes entrés (ne vous en défen-
dez pas) avec l'illusion de n'y connaître

jamais qu'une harmonie parfaite, une entière communauté de goûts, une égalité d'humeur inaltérable et des joies sans mélange. La réalité, hélas ! vous détrompera bientôt, et elle vous sera d'autant plus rude que vous vous refuserez davantage à reconnaître ses exigences et à accepter, au besoin, ses leçons et ses atteintes. Vos espérances les plus légitimes se trouveront parfois déçues ; vous éprouverez des échecs óu des revers ; la maladie, la vôtre, celle de votre femme ou de vos enfants, des deuils, hélas ! viendront assombrir votre intérieur et altérer plus ou moins sérieusement, ou plus ou moins durablement, votre caractère ou celui de votre compagne. Sans aller si loin, et quelque unie que soit votre existence, il se produira nécessairement entre vous des dissentiments sur tel ou tel point ; les goûts ne seront pas toujours identiques.

Vous n'entendrez pas toujours de la même façon l'organisation de vos journées, le règlement de votre budget, la direction à donner à l'éducation de vos enfants ; vous aurez (qui n'en a point ?) l'un ou l'autre, des inégalités de caractère ou de santé. Quelles que soient ces inévitables misères, ne faites pas comme ces malheureux qui, en les exagérant par leur impatience, transforment en désaccords irréparables les plus légères dissidences, et se réduisent eux-mêmes au désespoir pour des contrariétés sur lesquelles il suffirait de souffler ou de faire le silence pour les voir disparaître. *L'huile*, dit encore un vieux proverbe, *est à moitié serrurier.* Ayez toujours, quand une serrure grince autour de vous, une goutte d'huile à y mettre. « Nous sommes, » disais-je, il y a bien longtemps déjà, sous une autre forme, et l'expérience me permet de le redire avec quelque autorité, « comme ces galets de la grève, qui ne sont arrondis que pour avoir été battus ensemble par les mêmes eaux ; le poli le plus doux se forme d'aspérités émoussées par le frottement ; et le temps et l'habitude sont les nœuds les plus sûrs de la bienveillance et du devoir. Cela est vrai de tous les âges et pour tous les rapports de la vie. Mais cela est vrai surtout pour les incessants et inévitables rapports de la vie conjugale. »

C'est par un partage incessamment renouvelé de peines comme de joies, d'efforts, de sacrifices, de dévouements, d'espérances, tantôt réalisées et tantôt déçues, de souvenirs heureux et de deuils inoubliables que se forme insensiblement cette harmonie des idées, des sentiments et des volontés qui prolonge jusqu'à la dernière heure, sous les cheveux blancs des parents, et parmi les cheveux blonds des enfants, l'amour inaltérable des jeunes années.

Puissiez-vous, jeunes gens, pour qui ces pages ont été écrites, me remercier un jour, lorsque depuis longtemps j'aurai cessé de pouvoir penser à vous, d'y avoir pensé avant qu'il en fût trop tard !

APPENDICE

J'avais songé d'abord à donner, à la suite de mes réflexions personnelles, à titre de pièces justificatives, un certain nombre de témoignages d'une compétence plus indiscutable que la mienne.

Je m'étais proposé notamment de reproduire, avec une bonne partie des réponses faites à l'enquête de la *Chronique médicale,* la lettre de M. Paul Goy, dont j'ai parlé plus haut, et d'emprunter à la thèse de M. le docteur Raoult l'opinion imposante de M. le docteur Gaucher.

J'ai pensé, après avoir pris l'avis de quelques amis, qu'il valait mieux éviter tout ce qui aurait pu donner à ce petit volume une appparence de prétention scientifique, et lui laisser son caractère de simplicité familière. Il suffira, pour ceux de mes lecteurs qui désireraient contrôler mes dires ou compléter, par des lectures plus spéciales, leur documentation insuffisante, d'indiquer, sans autre commentaire, en outre des écrits que je viens de rappeler, quelques titres d'ouvrages particulièrement dignes de leur attention.

Je cite, tels qu'ils me viennent à la mémoire, les suivants :

Docteur Ribbing, *L'Hygiène sexuelle et ses conséquences morales* ;
Docteur Good, *Hygiène et Morale* ;
E. Pieczynska (Madame), *L'École de la pureté* ;

— *La Fraternité intersexuelle* ;

Docteur Queyrat, médecin des hôpitaux de Paris, *La Démoralisation de l'Idée sexuelle* ;

Docteur Herzen, professeur de physiologie, *Science et Moralité* ;

Docteur A. Fournier, *Pour nos fils quand ils auront 18 ans* ;

Paul Goy, étudiant en médecine, *La pureté rationnelle* ;

Sylvanus Stall, *Ce que tout jeune garçon devrait savoir* ;

— *Ce que tout jeune homme devrait savoir* ;

Docteur H. Wegener, *Nous les jeunes ! Pureté, vigueur, amour* ;

Docteur H. Zbinden, *Lettres à un jeune homme* ;

Avertissements et secours (quelques mots aux jeunes gens sur les vices secrets, leurs conséquences, leur guérison ;

Conseils et éclaircissements adressés aux jeunes gens de 16 à 18 ans, par un père et une mère ;

Frank Thomas, *Le Respect de la femme* ;

Ad. Hoffmann (Madame), *Pour le bonheur de mon fils* ;

Docteur Oker-Blom, *Comment mon oncle le docteur m'instruisit des choses sexuelles.*

La Librairie Fischbacher procure tous ces ouvrages aux meilleures conditions.

DIJON, IMPRIMERIE DARANTIERE

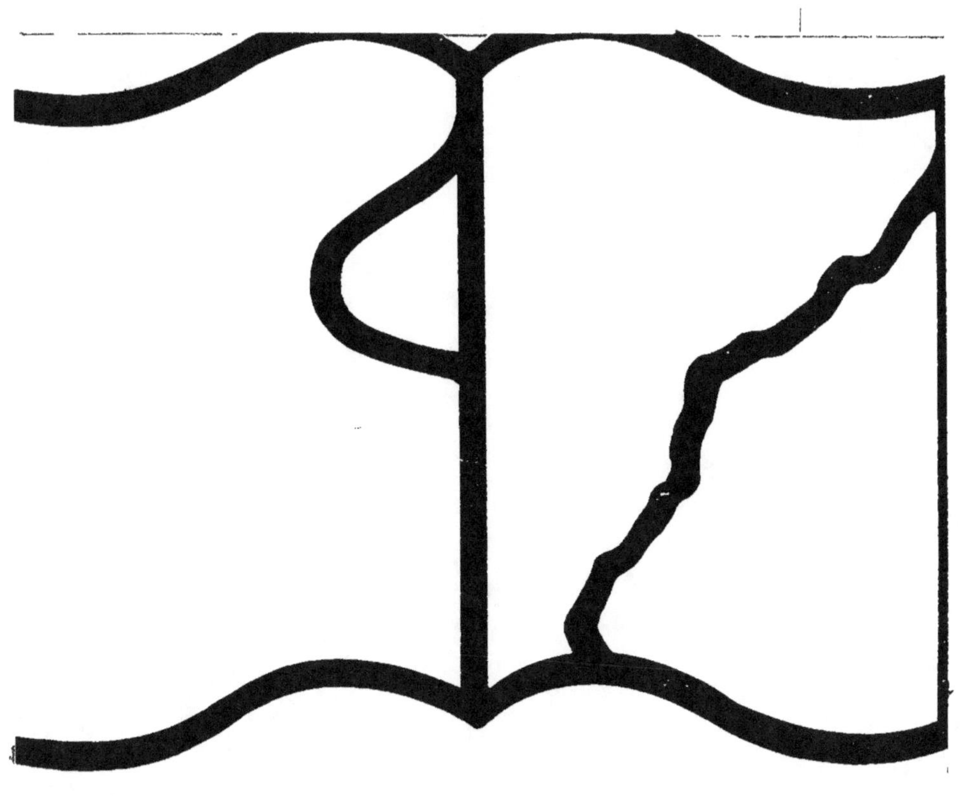

Texte détérioré — reliure défectueuse

NF Z 43-120-11

9 782013 374040